ANAGRAMMES
pour le temps
présent

DES MÊMES AUTEURS

Anagrammes pour lire dans les pensées,
illustrations de Chen Jiang Hong,
Actes Sud, 2016 ; Babel, 2020.

ISBN : 979-10-329-3237-7
Dépôt légal : 2024, novembre

170 *bis*, boulevard du Montparnasse,
75014 Paris

RAPHAËL ENTHOVEN
JACQUES PERRY-SALKOW

Illustrations
CHEN JIANG HONG

ANAGRAMMES

pour le temps présent

Éditions de L'Observatoire

UN CASSE

Tout commença par un coup de fil digne d'une série américaine.

— Bonjour, monsieur Perry-Salkow. Nous pensons que certains faits politiques récents recèlent un message insoupçonné, enfoui dans le coffre des mots. Votre mission, si vous l'acceptez, consistera à vous introduire dans la matrice orthographique des actualités et à vous emparer du sens caché. Comme toujours, vos révélations seront consignées dans un livre annoté par nos soins.

J'avais reconnu la voix d'Enthoven. En somme, il me demandait de faire un casse. Avant la fin des cinq secondes, j'acceptai.

Perry-Salkow
Walker or spy?

Anagramme. Nom féminin ; du grec *ana*,
« renversement », et *gramma*, « lettre ».

Le jeu consiste à changer l'ordre des lettres d'un nom, d'une expression, pour former un nouveau nom, une nouvelle expression. Ainsi les **nuits** dans **Tunis**, **la Concorde** et **l'accordéon**, **l'ensauvagement** et le **suave gentleman**... Il n'est tenu compte ni des accents ni de la ponctuation.

CREDO ET DÉCOR

« **La raison est un combat** » est notre credo depuis le lancement de *Franc-Tireur*, journal dans lequel sont parues la plupart des anagrammes ici présentes. Mais on aurait pu tout aussi bien se donner pour profession de foi l'**action sans le tambour**...

Raphaël
La harpe

I

La Grande Russie

Lauriers de sang

La ruine des utopies

Comme un rêve de grandeur culmine
en catastrophe, comme un fantasme
d'expansion s'achève en misère collective,
comme la nature finit toujours, en un mot,
par prendre le dessus sur l'histoire,

la Russie de Poutine
tombera.

L'âme sereine devant le tyran

Et la mise en terre de Navalny

Le président Poutine

Petit dieu personnel

La Biélorussie

a jusqu'à présent toujours été fidèle au nouveau tsar, mais son dictateur Loukachenko est assis sur un fauteuil de baïonnettes. Pas sûr qu'il y reste longtemps. Et si ce réservoir de fantassins était une

base illusoire?

Oligarque

L'orgiaque

Le crédit social

repose sur l'attribution d'un capital de points que le citoyen chinois peut bonifier à coups d'actions civiques, ou bien éroder s'il se conduit mal. Il s'agit, en somme, d'une dystopie réalisée : en additionnant la verticalité d'un pouvoir autoritaire à l'horizontalité des structures délatrices, en juxtaposant l'arbitraire et le vertueux, en dopant la dictature par le contrôle de chacun par tous, la Chine est devenue une dictature parfaite,
où le seul air qu'on respire,

c'est l'air docile.

La Corée du Nord

Écrouer Donald

La Chine populaire

La pluie prochaine

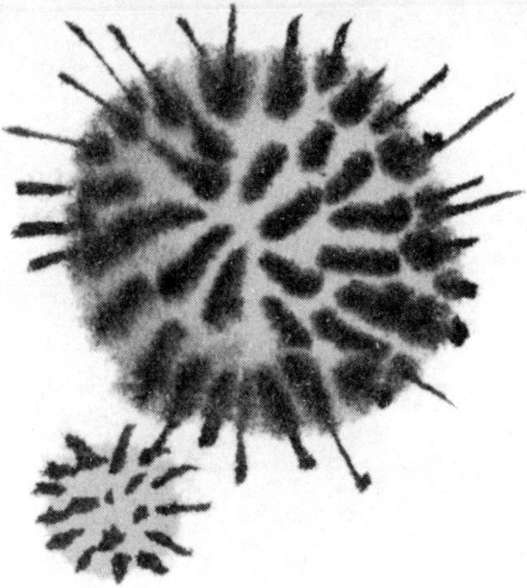

II

Le coronavirus

L’oursin vorace

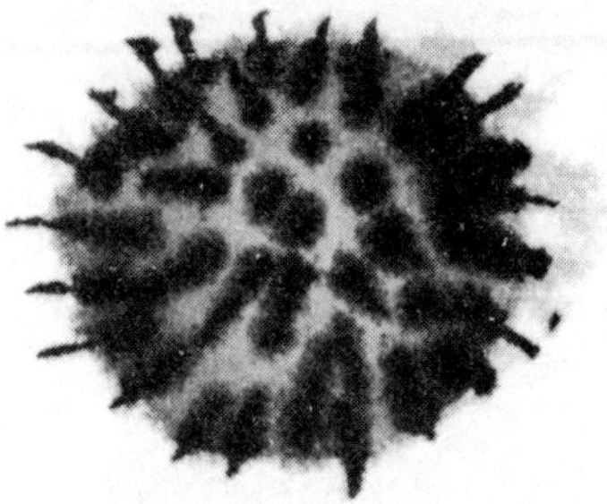

La variole

La revoilà

Les urgences

sont inévitablement débordées.
Et pour cause : quelques centaines
de services doivent accueillir plus de
20 millions de Français en une année.
Mais comment faire autrement ?
Comment et où recevoir les polytraumatisés
ou bien les victimes d'infarctus ?
Où soigner, sinon aux urgences,
les problèmes médico-sociaux
et les cas de détresse grave ?
Comment traiter toutes les urgences
en urgence ? Qu'on le veuille ou non,
il est inévitable d'y croiser quantité de

gens ulcérés.

Les doses de vaccin

étaient mondialement accessibles à tous.
Personne n'a été laissé sur le carreau.
Tout le monde, pourtant, n'en a pas
profité. Et au premier rang des victimes
de la pandémie, on compte des gens qui
refusaient qu'on les inoculât.
Tant pis pour eux. Ce n'est pas faute de
leur avoir montré comment traverser

le covid sans décès.

Chauve-souris

Souche à virus

Les sociétés pharmaceutiques

ont bon dos. Nombre de bons esprits leur ont reproché, sans preuves, de survendre un vaccin dont l'efficacité n'était pas avérée. Et il est vrai que, même si « Big Pharma » est un fantasme de complotiste en petite culotte, il est désagréable de se dire que les grands laboratoires se sont considérablement enrichis durant cette période. Moderna, Pfizer, BioNtech ou AstraZeneca : quel autre choix avions-nous que

ces camisoles thérapeutiques ?

Les garnisons de soignants

Ils sont nos anges gardiens

Le professeur Raoult

est accusé d'avoir manipulé des images, couvert des essais cliniques illégaux contre la tuberculose et enfreint la loi qui encadre les expérimentations sur les êtres humains. La société de pathologie infectieuse lui reproche d'avoir piétiné sept articles du Code de déontologie médicale et l'accuse de charlatanisme. Et pourtant, à l'heure où l'on écrit ces lignes, il se trouve encore des gens pour apporter leur créance aux fantaisies du Madoff de la médecine. C'est

la terre pour les fous.

Les déserts médicaux

Diamètres des exclus

III

Samuel Paty

Le pays muta

L’obscurantisme

Mots incurables

Guerre sainte

Ruines et rage

Les Versets sataniques

sont un splendide roman, picaresque, somptueux, hérétique, dont la beauté a été estompée par l'importance. Certaines grandes œuvres sont écrasées par le destin de l'auteur lui-même ; faute d'en lire les neuf chapitres et de suivre les pérégrinations de ses fragiles héros, on n'en retient que la haute valeur symbolique

et ses versants laïques.

Liberté de la presse

Depuis le 27 juillet 1881, « le secret des sources des journalistes est protégé dans l'exercice de leur mission d'information du public », et aucune atteinte au secret des sources ne peut « consister en une obligation pour le journaliste de révéler ses sources ». En un mot, la République protège les journalistes, de toute la force de la loi.

Les tables de pierre

République

Que publier ?

Laïcité

Est-elle menacée par les filous qui en font
un racisme et les imbéciles qui les croient ?
Le fait est que, désormais,
elle est bafouée tous azimuts.

Ici et là

L'assimilation est-elle un antidote à **l'islamisation** ?

L'émirat du Qatar
occupe une place inversement
proportionnelle à son volume.
Cet État minuscule, qui n'est qu'un fonds
de pension, organise désormais des coupes
du monde et joue un rôle central dans
les négociations au Proche-Orient.
Après s'être occupé du foot, le Qatar
va-t-il acheter le théâtre et régner sur
l'art dramatique
comme il prétend régner
sur les stades ?

La cause du conflit israélo-palestinien

Et la loi du talion accuse sans fin le pire

Hamas, Iran

Marais hanté

Le tableau de nu décrié

Jeudi 7 décembre 2023. Une professeure de français du collège d'Issou, dans les Yvelines, montre un tableau du peintre Giuseppe Cesari, *Diane et Actéon*, où sont représentées Diane et des nymphes dénudées sous l'œil d'un chasseur que la déesse transforme en cerf pour le punir d'avoir assisté à ses ablutions. Scandale. « Raciste ! Islamophobe ! » disent certains élèves. Mais depuis quand la nudité est-elle raciste ? Où est l'islamophobie dans la représentation d'un postérieur féminin ?

Beau clair de lune d'été

L'éclipse de lune

Le spleen du ciel

Le régime des talibans

Laminage des libertés

Ceux qui suivent le
sentier du Hamas,
ceux qui relaient ses analyses et en diffusent les informations comme si elles étaient avérées, ceux qui persistent à voir dans une organisation qui éventre des femmes enceintes une « résistance » à l'occupant peuvent penser ce qu'ils veulent.
Mais ils font peu de cas du
désastre humain.

Terre sainte

Triste arène

Le ministre Netanyahu

L'humanité tyrannisée

Palestine

Pain et sel

Voile en Iran

La vie en noir

Désobéir

est le credo de l'enfant comme du démagogue, du Gilet jaune comme du tribun, mais c'est aussi celui du résistant, de l'Afghane qui persiste à se rendre à l'école, ou de l'Iranienne qui brûle son voile. Bref, la désobéissance n'apporte pas que des

déboires.

La Tunisie

Lieu saint

IV

Les réseaux sociaux

Sales oiseaux creux

La publicité

Culpabilité

Crème anti-âge

Mirage tenace

Cancel culture

Elle fait toujours une exception pour
les religions, auxquelles elle s'interdit
de toucher. Déboulonner des statues,
débaptiser des lycées, annuler des auteurs
ou réécrire leurs œuvres, c'est facile.
S'en prendre aux idoles,
c'est une autre histoire. Bref, ce n'est pas
demain qu'on se débarrassera du

cancer cultuel.

Statues honnies

ou bien déboulonnées, de Churchill ou
de Napoléon, au nom du bien et
en vertu de la vertu…
Que vous ont fait ces faces de marbre ?
Pourquoi faut-il que vous fassiez
des morts un motif de

hautes tensions ?

Fait divers

Dérivatifs

« **Google** est bien pratique !
Il nous donne gratuitement toutes
les infos... » dit **le gogo**.

Instagram

consacre le règne du futile et de l'inconsistant. Rien n'est pourtant plus important aux yeux de celui qui s'y vautre, dans l'espoir ridicule de devenir un

gamin star.

Ultraviolence

L'océan virtuel

Métavers

C'est un nouveau monde sans frontières dont,
dirait Pascal, « le centre est partout
et la circonférence nulle part ».
Où aller dans cet océan en 3D ?
À quel saint se vouer et à qui se rendre
dans cette

vaste mer ?

Un requiem

comme celui de Mozart
eût-il été achevé à l'ère

numérique ?

L'antisémitisme

n'est pas seulement la haine sonore
du Juif. Ceux-là sont rares et bruyants.
L'antisémitisme se tapit dans les recoins
de l'opinion, à l'abri du linge, dans les tiroirs
de l'âme, dans l'écorce des réflexes,
prêt à bondir sur l'ennemi, comme une

mite sans limite.

Punaises de lit

Plaie des nuits

L'acteur Depardieu

Éclat perdu. Rideau.

Ça tourne !

Outrance

Les marches du Festival de Cannes

Ciel d'avant-scène, mur des flashes

Orange mécanique

Menace organique

Le Mépris

L'emprise

V

Fin de l'abondance

Bond de la finance

L'âge Macron

Il fut celui des Gilets jaunes,
et d'une outrance sans précédent
sur les réseaux comme dans la rue.
Il n'était pas rare que, dans les
manifestations, on représentât le Président
comme un monarque suspendu
à une potence, autour duquel
des insurgés dansaient la

carmagnole.

La solution viendra-t-elle de la

décentralisation ?

Un État jacobin comme le nôtre peut-il

changer de forme et devenir

la nation discrète ?

La torche olympique

L'Acropole mythique

JO parisiens d'été

Jardins et poésie

Équipe des Bleus

Déesse publique

Retraite à points

Était-ce une bonne idée ?
Pourquoi l'a-t-on abandonnée ?
Pourquoi a-t-on laissé tomber le système
inédit qui paraissait, sur le papier,
d'une justice imparable ?
Pourquoi avoir finalement renoncé
à une idée neuve au profit du débat
classique sur l'âge de la retraite

et sa répartition ?

Âge de la retraite

60, 62, 64, 65, 67…

La gaîté retardée

Macron et Benalla

L'aléa encombrant

Le climat est néfaste

Et le fascisme, latent

Tous se prennent pour
le général de Gaulle !

De droite comme de gauche, macroniens
et souverainistes, tous invoquent sa
mémoire, tous vont se recueillir une fois l'an
devant le tombeau de Colombey...
Telle une armée de nains juchés sur
les épaules d'un seul géant, ils jouent à

alléguer la légende !

Valeurs de gauche

Vagues de chaleur

La vente de Solferino

pour 45 millions d'euros signait en 2017 la fin de l'époque où le Parti socialiste était en mesure d'accéder au pouvoir. Désormais réduit à l'état de parti-parasite ou de parti-croupion, le PS habite Ivry.

Envol et fin de la rose

Le parti Écologistes

Poètes et cigarillos

La France insoumise

Un enfer mais social !

La démocratie représentative

n'est pas la panacée, c'est entendu.
Et l'on pourrait à l'envi dénoncer ses travers.
Comment ne pas voir une confiscation
dans la délégation de pouvoir ?
Et pourquoi ne pas tenir l'égalité des droits
pour une équivalence des compétences ?
Parce que la liberté, paradoxalement,
passe par la représentation.
Représentation,

c'est-à-dire vote parlementaire.

Au lendemain des élections européennes,
alors qu'elle croyait en avoir fini
pour un moment avec ce cirque,
la France se réveilla avec

la gueule de bois,

contrainte de se préparer
à une nouvelle bataille.
Dissoudre l'Assemblée, quelle idée !
Quelle farce !
Même Gabriel Attal eut peine à dissimuler
les sentiments que lui inspirait

l'odieuse blague.

Alliances

Canailles

Le vote

Le veto

Simone Veil entre au Panthéon

Et voilà son humanité pérenne

La foi en Notre-Dame

Jour après jour, mois après mois,
des ateliers de toute la France jusqu'au
sommet de la cathédrale, des charpentiers,
des forestiers, des architectes,
des carriers, des cordistes, des dinandiers,
des échafaudeurs, des grutiers, des maçons,
des verriers, des patineurs, des nacellistes,
des compagnons, des bâtisseurs en un mot,
ont additionné leurs savoir-faire ;
c'est ainsi qu'en peu d'années

on a refait le monde.

VI

La sécurité

La cité sûre

L'ensauvagement

de la société est-il une réalité ou bien un fantasme de démagogues ? Le fait est qu'il existe désormais, en France, des zones de non-droit. Mais est-ce à dire que dans les territoires perdus de la République, on ne trouve pas de

suave gentleman ?

Casseurs et pilleurs

La crise, les stupeurs

La bêtise

Bestiale

Le 1er décembre 2018, un éventail
de Gilets jaunes avinés est entré dans
l'Arc de Triomphe
pour y commettre des dégradations
qui coûtèrent plus d'un million d'euros
au contribuable. Avaient-ils pris le symbole
des victoires napoléoniennes et
le tombeau du Soldat inconnu pour
le champ torride
où exhaler leur haine de l'État ?
Ces révolutionnaires (à leurs propres yeux)
n'étaient que des bouffons fluorescents
qui se croyaient
place Thermidor.

Les révolutions

Et leurs violons

Tout ça pour ça !

Couac partout

L’éducation

C’est la mère de toutes les batailles et la condition de l’avenir. C’est d’elle que dépend la possibilité de vivre ensemble sans vivre côte à côte, et de marcher assurément dans cette vie.

La conduite

Le « pas de vagues »

Passé d'aveugle

Le harcèlement scolaire

La méchante sorcellerie

Les Le Pen

Le spleen

VII

La planète

Le platane

Le climato-scepticisme

met volontiers en question la responsabilité du genre humain dans le réchauffement climatique. Son credo est de dire que c'est possible mais qu'on n'en est pas certain. Dont acte. Seulement, la prudence, dans ces conditions, ne consiste-t-elle pas à faire comme si c'était le cas ? Comment font-ils pour conclure à l'inaction ? C'est la seule question qui permet de débusquer leurs

malices et complicités.

TotalÉnergies

Rente et gasoil

Survivalisme

C'est une doctrine dont les adeptes
sont des fous furieux, convaincus
d'échapper à l'apocalypse imminente
qu'ils appellent de leurs vœux.
On trouve dans leurs rangs
plus de reptiles que dans

les vivariums.

Salon de l'agriculture

On trouve là des moutons, des vaches,
des veaux, des poules et des cochons.
Mais on trouve aussi, outre ces promesses
de jambons, des artisans-bouchers
qui font cuire

la grillade sur un côté.

Pécule paysan

Ça ne paye plus

Blocage routier

Tourbe agricole

Le consumérisme

ronge la planète et transforme
chaque bonheur en marchandise.
Bientôt, nous serons

comme les ruines.

Alcool et chasse

Tâche colossale !

VIII

Biden et Trump

Emprunt, débit

Joe Biden

I need job

Président Trump

Rut de printemps

Le Capitole

a été envahi,

et la police

a été héroïque.

Trop de drames de port d'armes

« La loi et l'ordre »

est le slogan que Trump a choisi
pour faire campagne en 2020.
C'est sous ce diptyque que le hâbleur
a vanté ses mérites, célébré son travail,
défendu les riches

et le dollar roi.

Les minorités

gouvernent, à l'abri de la loi,
à coups de rumeurs ourdies par des hordes
et de jugements sans appel.
Du monde sinistre où tout le monde
est coupable et où l'offense a force de loi,
elles sont

les timoniers.

Le véganisme

Évangélisme

Les anti-IVG

n'ont jamais été si puissants,
depuis que la liberté d'avorter s'est imposée.
Car, désormais, grâce à Trump,
ils ont la loi pour eux dans quantité
d'États américains.
Face au péril grandissant,
restons unies et

vigilantes !

La fièvre brune

Elle s'est emparée du monde et se répand partout. Des Pays-Bas à l'Argentine, de l'Italie aux États-Unis, elle soumet des peuples entiers sous l'idée fausse qu'elle va leur rendre le pouvoir, et tandis que les gens se réjouissent de leur servitude comme s'il s'agissait de leur liberté, le sombre cauchemar grandit et les arrime à ses récifs.

La rive funèbre

La certitude

Le dictateur

IX

No border

Bon ordre ?

L'Europe,

c'est pas

le Pérou !

Faut-il ériger
des murs européens ?
Est-ce la bonne manière de prendre la
mesure de nos peurs ?

Enfants et mirages du large

Et le naufrage des migrants

Pieds-noirs

Dispersion

La Nouvelle-Calédonie

a refusé son indépendance
pour la troisième fois en 2021.
Un résultat contesté par les
indépendantistes qui avaient appelé
au boycott du scrutin, et aux yeux de qui
l'archipel demeure, contre son gré,

la vallée d'une colonie.

Angleterre

L'étrangère

L'Arménie

Minérale

Le monde libre

Le bel endormi

X

L'hiver et la bougie

La grive et le hibou

L’ascenseur social

Rouillé, sans accès

L'Assemblée nationale

a été investie en 2022 par des dizaines de députés grossiers, insultants, incompétents, vacarméens, odieux, pétris du sentiment que les cris sont la meilleure façon d'être entendus. À les voir s'agiter sur leurs bancs et déshonorer leur fonction, on se prend à regretter le suffrage censitaire

et la noblesse animale.

Fraude fiscale

Affaires de cul

Le groupe Bolloré

Le bourge, le prolo

Vous abordez
le dimanche

plein de bonnes intentions, de footing et de quinoa, mais alors que la matinée s'achève, vous végétez encore, pensif et digérant, devant les restes de l'omelette à laquelle vous vous étiez juré de renoncer. La suite est, à l'envi, une longue déception qui culmine, le soir, dans un

mal de chien.

Drogue à Marseille

Relais de la morgue

Depuis la dernière mandature, les
artères de Paris
sont devenues de vrais
repaires de rats.

À quoi bon préparer l'avenir
si la
fécondité
fait
défection ?

La dette de l'État

Faut-il attendre une
sortie de crise ?

Faut-il vivre dans l'espoir constamment déçu d'une résolution de tous les problèmes ? La crise n'est pas un état transitoire, mais l'écosystème de toute démocratie. Espérer qu'elle s'achève,

c'est dérisoire.

À Jane Birkin.

Valse de Melody Nelson

« Le soleil est rare
Et le bonheur aussi
L'amour s'égare
Au long de la vie[1] »

Le nom envolé des ladys

---

1. Serge Gainsbourg, *Histoire de Melody Nelson*, Philips, 1971.

La mort douce

L'amour docte

Au cœur le plus sombre de l'hiver,
quand la galère navigue sans horizon, les
Restos du cœur
demeurent le
recours de tous.

TABLE